Santos-Dumont

O que eu vi
O que nós veremos

Estas notas são dedicadas aos meus patrícios que desejarem ver o nosso céu povoado pelos

Pássaros do Progresso.

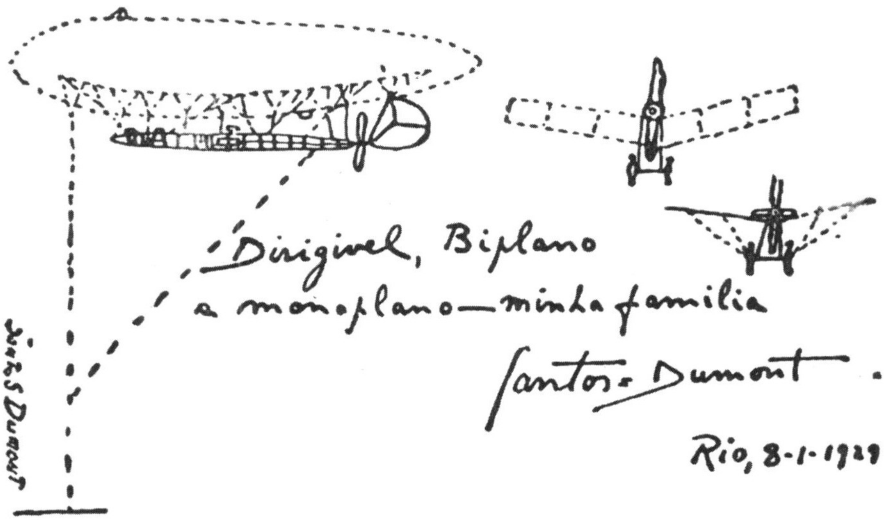
Dirigivel, Biplano
e monoplano — minha familia
Santos=Dumont.
Rio, 8-1-1929
Santos Dumont

1ª edição
1918 Typographia Piratininga

2ª edição
1986 Fundação Projeto Rondon,
Minter/Ministério da Aeronáutica

3ª edição
2000 Hedra

Capa
Camila Mesquita
sobre fotos pertencentes ao acervo do
Museu Paulista da Universidade de São Paulo

Projeto gráfico e editoração
Fabiana Pinheiro

Revisão
Artesãs das Palavras
Iuri Pereira

Tradução das passagens em francês
Jorge Sallum

Fotolitos
Diarte

Fotos
Fundação Santos-Dumont e
Museu Paulista da Universidade de São Paulo

Tratamento de imagens
Murillo Medina

Digitalização
Elvira Lucio Pedicino

Dados Internacionais de Catalogação na Publicação (CIP)
(Câmara Brasileira do Livro, SP, Brasil)

Santos-Dumont, Alberto, 1873-1932.
O que eu vi, o que nós veremos / Alberto Santos-Dumont.
— 1ª edição — São Paulo: Hedra, 2000.

ISBN 85-87328-27-1

1. Santos-Dumont, Alberto, 1873-1932. I. Título.
00.2903 CDD-629.130092

Índices para catálogo sistemático:
1. Aviação: Biografia de aeronautas 629.130092

[2000]
EDITORA HEDRA LTDA.
rua fradique coutinho, 1139 - 2º andar
05416-011 São Paulo - SP - Brasil
telefone/fax: (011) 3097 8304
editora@hedra.com.br
www.hedra.com.br

Foi feito o depósito legal.

Santos-Dumont

O que eu vi
O que nós veremos

Curadoria de imagens
Marcos Villares Filho

hedra
São Paulo 2000

Nova York, 15 de maio de 1918.

Meu caro sr. Santos-Dumont

O Aero Club da América envia-vos uma mensagem de congratulações pela inauguração do primeiro Serviço Postal Aéreo neste País. Confiamos em que a Linha Postal Aérea inaugurada entre Nova York, Filadélfia e Washington, que vos leva esta mensagem, será o primeiro passo para uma rede de linhas postais aéreas que cobrirá o mundo e será fator predominante na obra de reconstrução que se seguirá à Guerra, quando os exércitos aliados houverem alcançado a Vitória Gloriosa e final pela causa da Liberdade Universal.

Ao rápido desenvolvimento da navegação aérea no continente seguir-se-ão, em breve, extensos vôos sobre os mares, e teremos grandes aeroplanos cruzando o Atlântico, os quais facilitarão não só o estabelecimento da linha postal aérea transatlântica, como a entrega de aeroplanos dos Estados Unidos aos nossos Aliados.

O Aero Club da América, que tem propugnado pelo desenvolvimento da aeronáutica desde os vossos primeiros ensaios, ativado e auxiliado por todos os meios a criação do serviço postal aéreo desde 1911, sente-se altamente compensado com o estabelecimento desse novo serviço através dos ares.

ALAN R. HAWLEI
Presidente

O QUE EU VI

ESTA CARTA veio encher de legítima alegria o meu coração que, há já quatro anos, sofre com as notícias da mortandade terrível causada, na Europa, pela aeronáutica. Nós, os fundadores da locomoção aérea no fim do século passado, tínhamos sonhado um futuroso caminho de glória pacífica para esta filha dos nossos desvelos. Lembro-me perfeitamente que naquele fim de século e nos primeiros anos do atual, no Aero Club de França que foi, pode-se dizer, "O ninho da aeronáutica" e que era o ponto de reunião de todos os inventores que se ocupavam desta ciência, pouco se falou em guerra; previamos que os aeronautas poderiam, talvez, no futuro, servir de esclarecedores para os Estados-Maiores dos exércitos, nunca, porém, nos veio a idéia de que eles pudessem desempenhar funções destruidoras nos combates. Bastante conheci todos esses sonhadores, centenas dos quais deram a vida pela nossa idéia, para poder agora afirmar que jamais nos passou pela mente, pudessem, no futuro, os nossos sucessores, ser "mandados" a atacar cidades indefesas, cheias de crianças, mulheres e velhos e, o que é mais, atacar hospitais onde a abnegação e o humanitarismo dos rivais reúne, sob o mesmo teto e o mesmo carinho, os feridos e moribundos dos dois campos. Pois bem, isso se repete há quatro longos anos; e quem o "manda fazer"? O Kaiser!

Façamos, pois, votos pela vitória dos Aliados; triunfem as idéias do presidente Wilson e se extinga na terra o militarismo prussiano. Assim como com a Polícia atual a sociedade suprimiu os cidadãos armados, suprima as matanças da guerra o desejado Exército das Nações.

Confiante nesse futuro, reconfortou-me a mensagem do presidente do Aero Club da América, em que ouvi falar, de novo, da aeronáutica para fins pacíficos, realização de minhas íntimas ambições, sonho daqueles inventores que só viram no aeroplano um colaborador na felicidade dos homens.

Creio, deveria ser chamada "Época heróica da aeronáutica" a que compreende os fins do século passado e primeiros anos do atual. Nela brilham os mais audaciosos arrojos dos inventores, que quase se esqueciam da vida, por muito se lembrarem de seu sonho.

Enchem-nos, hoje, do mais justo entusiasmo os atos de bravura dos aviadores do *front*, como nos encherá de orgulho a notícia da travessia do Atlântico, que prevejo próxima.

Essa coragem, porém, que os consagra como heróis, creio, não é maior que a dos inventores, primeiros pássaros humanos, que, após heróica pertinácia em estudos de laboratório, se arrojaram a *experimentar* máquinas frágeis, primitivas, perigosas. Foram centenas as vítimas dessa audácia nobre, que lutaram com mil dificuldades, sempre recebidos como "malucos", e que não conseguiram ver o triunfo dos seus Sonhos, mas para cuja realização colaboraram com o seu sacrifício, com a sua vida.

Não fosse a audácia, digna de todas as nossas homenagens, dos Capitaine Ferber, Lilienthal, Pilcher, Barão de Bradsky, Augusto Severo, Sachet, Charles, Morin, Delagrange, irmãos Nieuport, Chavez e tantos outros — verdadeiros mártires da ciência — e hoje não assistiríamos, talvez, a esse progresso maravilhoso da aeronáutica, conseguido, todo inteiro, à custa dessas vidas, de cujo sacrifício ficava sempre uma lição.

Penso, a maior parte dos meus leitores serão jovens nascidos depois dessa época, que já se vai tanto ensombreando na memória; suplico-lhes, pois, não se esquecerem destes nomes. A eles cabe, em grande parte, o mérito do que hoje se faz nos ares...

A princípio tinha-se que lutar não só contra os elementos, mas também contra os preconceitos: a direção dos balões e, mais tarde, o vôo mecânico eram problemas "insolúveis".

Eu também tive a honra de trabalhar um pouco ao lado destes bravos, porém o Todo-Poderoso não quis que o meu nome figurasse junto aos deles.

As primeiras lições que recebi de aeronáutica foram-me dadas pelo nosso grande visionário: Júlio Verne. De 1888, mais ou menos, a 1891, quando parti pela primeira vez para a Europa, li, com grande interesse, todos os livros desse grande vidente da locomoção aérea e submarina. Algumas vezes, no verdor dos meus anos, acreditei na possibilidade de realização do que contava o fértil e genial romancista; momentos após, porém, despertava-se, em mim, o espírito prático, que via o peso absurdo do motor a vapor, o mais poderoso e leve que eu tinha visto. Naquele tempo, só conhecia o existente em nossa fazenda, que era de um aspecto e peso fantásticos; assim o eram, também, os tratores que meu pai mandara vir da Inglaterra: puxavam duas carroças de café, mas pesavam muitas toneladas... Senti um bafejo de esperança quando meu pai me anunciou que ia construir um caminho de ferro para ligar a fazenda à estação da Companhia Mojiana; pensei que nessas locomotivas, que deviam ser pequenas, iria encontrar base para a minha máquina com que realizar as ficções de Júlio Verne. Tal não se deu; elas eram de aspecto ainda mais pesado. Fiquei, então, certo de que Júlio Verne era um grande romancista...

Estava eu em Paris quando, na véspera de partir para o Brasil, fui, com meu pai, visitar uma exposição de máquinas no desaparecido "Palácio da Indústria". Qual não foi o meu espanto quando vi, pela primeira vez, um motor a petróleo, da força de um cavalo, muito compacto, e leve, em comparação aos que eu conhecia, e... funcionando! Parei diante dele como que pregado pelo Destino. Estava completamente fascinado. Meu pai, distraído, continuou a andar até que, depois de alguns passos, dando pela minha falta, voltou, perguntando-me o que havia. Contei-lhe a minha admiração de ver funcionar aquele motor, e ele me respondeu: "por hoje basta". Aproveitando-me dessas palavras, pedi-lhe licença para fazer meus estudos em Paris. Continuamos o passeio, e meu pai, como distraído, não me respondeu. Nessa mesma noite, no jantar de despedida, reunida a família, entre nós dois primos de meu pai, franceses e seus antigos companheiros de escola, pediu-lhes ele que me protegessem, pois pretendia fazer-me voltar a Paris para acabar meus estudos. Nessa mesma noite corri vários livreiros; comprei todos os livros que encontrei sobre balões e viagens aéreas.

Diante do motor a petróleo, tinha sentido a possibilidade de tornar reais as fantasias de Júlio Verne.

Ao motor a petróleo devi, mais tarde, todo inteiro, o meu êxito.

Tive a felicidade de ser o primeiro a empregá-lo nos ares.

Os meus antecessores nunca o usaram. Giffard adotou o motor a vapor; Tissandier levou consigo um motor elétrico. A experiência demonstrou, mais tarde, que tinham seguido caminho errado.

Uma manhã, em São Paulo, com grande surpresa minha, convidou-me meu pai a ir à cidade e, dirigindo-se a um cartório de tabelião, mandou lavrar escritura de minha emancipação. Tinha eu dezoito anos. De volta à casa, chamou-me ao escritório e disse-me: " Já lhe dei hoje a liberdade; aqui está mais este capital", e entregou-me títulos no valor de muitas centenas de contos. "Tenho ainda alguns anos de vida; quero ver como você se conduz; vai para Paris, o lugar mais perigoso para um rapaz. Vamos ver se você se faz um homem; prefiro que não se faça doutor; em Paris, com o auxílio dos nossos primos, você procurará um especialista em física, química, mecânica, eletricidade etc., estude essas matérias e não se esqueça que o futuro do mundo está na mecânica. Você não precisa pensar em ganhar a vida; eu lhe deixarei o necessário para viver..."

Chegado a Paris, e com auxílio dos primos, fui procurar um professor. Não podia ter sido mais feliz; descobrimos o sr. Garcia, respeitável preceptor, de origem espanhola, que sabia tudo. Com ele estudei por muitos anos.

Nos livros que comigo levara para o Brasil, li nomes de várias pessoas que faziam ascensões em balão, por ocasião de festas públicas. Eram as únicas que, então, se ocupavam de aeronáutica.

Sem nada dizer ao meu professor, nem aos primos, procurei no *Anuário Bottin* os nomes desses senhores, desejoso de fazer uma ascensão. Alguns já não se ocupavam mais do assunto, outros me apavoraram com os perigos de subir e com o exagero dos preços. Um, porém, houve que, após me informar de todos os meios, pediu mais de mil francos para levar-me consigo, devendo eu pagar, ainda, todos os estragos que fossem causados pelo balão na sua volta à terra.

Era ameaçadora a condição, pois esse senhor já uma vez tinha derrubado a cha-

fundação santos-dumont

miné de uma usina, outra vez descera sobre a casa de um camponês e, incendiando-se o gás do balão, em contato com a chaminé, pusera fogo à casa...

Vieram-me à memória os conselhos de meu pai e os seus graves exemplos de sobriedade e economia. Ia eu gastar em algumas horas quase que a renda de um mês inteiro e, muito provavelmente, a renda de todo o ano!

Desanimei de fazer uma ascensão. Era muito complicado...

Durante vários anos, estudei e viajei.

Segui com interesse, nos jornais ilustrados, a expedição de André ao Pólo Norte; em 1897, estava eu no Rio de Janeiro quando me chegou às mãos um livro em que se descrevia, com todos os seus pormenores, o balão dessa expedição.

Continuava eu a trabalhar em segredo, sem coragem de pôr em prática as minhas idéias; tinha pouca vontade de arruinar-me. Esse livro, entretanto, do construtor Lachambre, esclareceu-me melhor e decidiu inabalavelmente minha resolução.

Parti para Paris...

— Quero subir em balão. Quanto me pedem por isso?

— Temos justamente um pequeno balão no qual o levaremos por duzentos e cinqüenta francos.

— Há muito perigo?

— Nenhum.

— Em quanto ficarão os estragos da descida?

— Isto depende do aeronauta; meu sobrinho, aqui presente, *monsieur* Machuron, que o acompanhará, tem subido dúzias de vezes e nunca fez estrago algum. Em todo o caso, haja o que houver, o senhor não pagará nada mais que os duzentos e cinqüenta francos e dois bilhetes de caminho de ferro para a volta.

— Para amanhã de manhã o balão!...

Tinha chegado a vez...

Fiquei estupefato diante do panorama de Paris visto de grande altura; nos arredores, campos cobertos de neve... Era inverno.

Durante toda a viagem acompanhei as manobras do piloto; compreendia perfeitamente a razão de tudo quanto ele fazia.

Pareceu-me que *nasci* mesmo para a aeronáutica. Tudo se me apresentava muito simples e muito fácil; não senti vertigem, nem medo.

E tinha subido...

De volta, em caminho de ferro, pois descêramos longe, transmiti ao piloto o meu desejo de construir, para mim, um pequeno balão.

Tive como resposta que a fábrica a que ele pertencia, tinha, havia pouco, recebido amostras de seda do Japão de grande beleza e peso insignificante.

No dia seguinte estava eu no ateliê dos construtores.

Apresentaram-me projetos, mostraram-me sedas... Propuseram-me fazer construir um balão de 250 metros cúbicos...

Tomei a palavra: "O Senhor disse-me ontem que o peso desta seda, depois de envernizada, é de tantas gramas; o gás hidrogênio puro eleva tal peso; desejo uma barquinha minúscula e, pelo que vi ontem, um saco de lastro me será bastante para passar algumas horas no ar; eu peso cinqüenta quilos; conclusão: quero um balão de cem metros cúbicos".

Grande espanto!

Creio mesmo que pensaram que eu era doido.

Alguns meses depois, o *Brasil*, com grande espanto de todos os entendidos, atravessava Paris, lindo na sua extrema transparência, como uma grande bola de sabão.

Balão *Brasil*, 1898.

As suas dimensões eram: diâmetro 6 metros, volume 113 metros cúbicos, a seda empregada (113 metros quadrados) pesava 3,5 quilos, envernizada e pronta, 14 quilos. A rede envolvente e cordas de suspensão pesavam 1.800 gramas. A barquinha, 6 quilos. O *guide-rope* (corda de compensação), comprido de 100 metros, pesava 8 quilos, uma ancorazinha, 3 quilos.

Os meus cálculos tinham sido exatos; parti com mais de um saco de lastro.

Este minúsculo *Brasil* despertou grande curiosidade. Era tão pequeno que diziam que eu viajava com ele dentro da minha mala!

Nele e em outros, fiz, em vários meses, amiudadas viagens, em que ia penetrando na intimidade do segredo das manobras aéreas.

—

Comprei um dia um triciclo a petróleo. Levei-o ao Bois de Boulogne e, por

Enchimento do dirigível n.º 1 no Jardin d´Acclimatation, 1898.

três cordas, pendurei-o num galho horizontal de uma grande árvore, suspendendo-o a alguns centímetros do chão. É difícil explicar o meu contentamento ao verificar que, ao contrário do que se dava em terra, o motor de meu triciclo, suspenso, vibrava tão agradavelmente que quase parecia parado.

Nesse dia começou minha vida de inventor.

Corri à casa, iniciei os cálculos e os desenhos do meu balão nº 1.

Nas reuniões do Automóvel Club — pois o Aero Club não existia ainda — disse aos meus amigos que pretendia subir aos ares levando um motor de explosão sob um balão fusiforme. Foi geral o espanto; chamavam de loucura o meu projeto. O hidrogênio era o que havia de mais explosivo!

"Se pretendia suicidar-me, talvez fosse melhor sentar-me sobre um barril de pólvora em companhia de um charuto aceso". Não encontrei ninguém que me encorajasse.

O dirigível n.º 3. Volume: 500m³. Comprimento: 20m. Ano: 1899.

Não obstante, pus em construção o meu n° 1, e logo depois o n° 2.

As minhas experiências no ar começaram em fins de 1898. Foram grandemente interessantes, não pelo resultado obtido, mas pela surpresa de se ver, pela primeira vez, um motor trepidando e roncando nos ares.

Creio mesmo que foram estas experiências que deram lugar à fundação do Aero Club de França.

As experiências com esse modelo não surtiram o resultado desejado.

Eu tinha sido audacioso demais, fabricando um balão demasiado alongado para os meios de que, então, dispunha.

Abandonei essa forma e construí um balão ovóide.

—

Com o primeiro tipo tive uma terrível queda de várias centenas de metros, que muito me ameaçou de ver naquele o meu último dia. Não perdi, porém, o alento.

Com esse novo aparelho, o meu nº 3, atravessei a cidade de Paris.

Houve grande barulho em torno dessa experiência. Creio mesmo que se as primeiras deram lugar à fundação do Aero Club, esta foi a que determinou a instituição do prêmio Deutsch.

De fato, com a travessia que fiz de Paris, começou-se a discutir se seria possível ir de um ponto a outro e voltar ao de partida, em balão.

Grandes controvérsias...

A uma das assembléias do Aero Club compareceu um senhor, desconhecido de todos nós, muito tímido, muito simpático, que ofereceu, ele, Deutsch de la Meurthe, prêmio de cem mil francos ao primeiro aeronauta que, dentro dos cinco anos seguintes, partindo de St. Cloud, que era então onde se achava o parque do Club, circunavegasse a torre Eiffel e voltasse ao ponto de partida, tudo em menos de trinta minutos. Acrescentou mais, que no fim de cada ano, caso não fosse ganho o prêmio, se distribuíssem os juros do dinheiro entre os que melhores provas tivessem obtido.

Era sentir geral que cinco anos se passariam sem que o prêmio fosse ganho.

A direção do balão, naquele tempo, era um desejo sem promessa.

No dia seguinte à instituição do prêmio Deutsch, iniciei a construção do meu nº 4 e de um hangar em St. Cloud.

Opinei novamente pelo balão fusiforme, pois precisava atingir uma velocidade de mais ou menos trinta quilômetros por hora, o que seria difícil com um balão ovóide. Adquiri o motor mais leve que encontrei no mercado; tinha a força de 9 HP e pesava 100 quilos. Era a maravilha de então...

Com esse balão, no ano de 1900, pouco consegui de bom. Meu único concorren-

Segunda ascenção do dirigível n.º 1 no Jardin d´Acclimatation, 20 de setembro de 1898.

te ao prêmio foi o sr. Rose, cujo balão não conseguiu nunca subir; os juros do prêmio Deutsch me foram entregues, pois.

Durante o inverno pus em construção o meu famoso nº 5, que experimentei no parque do Aero Club.

Em 12 de julho de 1901, às três horas da madrugada, auxiliado por alguns amigos e meus mecânicos, levei-o para o hipódromo de Longchamps; comecei a fazer pequenos círculos com o dirigível, que era verdadeiramente dócil; fui ao bairro de Puteaux e evoluía por cima de suas inúmeras usinas quando, de repente, ouço um barulho terrível: uma a uma, todas as usinas tinham posto a funcionar os seus apitos e sirenas.

Fiz duas ou três voltas e cheguei novamente a Longchamps.

Fiz um conciliábulo com meus amigos. Pretendia fazer a volta à torre Eiffel; eles me querem dissuadir disso, por não estar presente a Comissão do Aero Club. Não me pude conter; o esporte me atraía; parti. Tudo correu bem até às alturas do

Santos-Dumont testando o sistema de propulsão do dirigível n.º 4, 1900.

Trocadero, quando senti que o balão não me obedecia mais. Arrebentara-se o cabo que ligava a roda do governo ao leme da aeronave. Diminuo completamente a velocidade do motor e manobro para tocar em terra. Fui muito feliz, desci mesmo no jardim do Trocadero, onde, por ser ainda muito cedo, havia muito poucas pessoas.

A ruptura se dera em ponto dificilmente acessível; era necessário uma escada. Vão buscá-la; quatro ou cinco pessoas a sustêm de pé e, por ela, consigo subir e consertar o cabo. Parti de novo, circunaveguei a torre e voltei diretamente a Longchamps, onde já havia muita gente à minha espera, inquieta da demora.

Foi um sucesso colossal quando cheguei e parei o motor.

Nesse mesmo dia a imprensa anunciava ao mundo inteiro que estava resolvido o problema da dirigibilidade dos balões.

Aproveito a ocasião para agradecer à imprensa do mundo inteiro a simpatia com que me cativou e, principalmente, a que dispensou à "Idéia Aérea". Foi graças a isso que se instituíram prêmios de estímulo e o cérebro dos inventores se pôs a trabalhar para o aperfeiçoamento da aeronave, até podermos, em 1918, possuir aeroplanos e dirigíveis que parecem o resultado de uma evolução milenária.

Se quando nas ruas de Paris apareceu o primeiro automóvel, e se quando a torre Eiffel foi circunavegada, não tivesse a imprensa incentivado essas iniciativas, acompanhando de perto o seu progresso, não teríamos hoje, estou certo, as locomoções automóvel e aérea, que são o orgulho da nossa época.

Foi neste dia que começou a minha grande popularidade em Paris; aprovei-

© museu paulista

"Nesta manhã de 12 de julho, e na tarde de 23 de outubro de 1906, vivi os momentos mais felizes de minha vida."

to, pois, também a ocasião para pagar um tributo ao povo de Paris.

Foi graças aos constantes aplausos e encorajamento que recebemos, os meus colegas e eu, que encontramos forças para, diante de tantos insucessos e perigos, continuarmos na luta. É pois, à clarividência do povo da Cidade Luz que o mundo deve a locomoção aérea.

Não só o povo me encorajava nas minhas experiências, mas também a sociedade, as altas autoridades e todos os escritores.

No meu hangar encontravam-se pessoas de todas as classes e opiniões. Um dia apanharam numa fotografia a ex-imperatriz dos franceses ao lado de Rochefort. Tinham sido os maiores inimigos; pois bem, no meu ateliê, do qual Rochefort era um freqüentador assíduo, estavam um ao lado do outro!

Rochefort cobriu-me também de elogios; não falemos na legião de escritores, especialistas, como François Peyrey, Besaçon e todos os outros, pelos quais até

hoje tenho uma profunda gratidão.

No dia seguinte, em um artigo de fundo, *monsieur* Jaurés disse que "até então tinha visto procurando dirigir os balões a sombra dos homens", hoje viu "um homem".

Recebi felicitações do mundo inteiro; entre elas, porém, uma, certamente a que mais me honrou e para mim a mais preciosa, veio assim endereçada, numa fotografia do maior inventor dos tempos modernos:

Dirigível n.º 5 em pleno vôo, 1901.

A Santos-Dumont,
o Bandeirante dos Ares
Homenagem de Edison.

Naquela época, em que a aeronáutica acabava de nascer, não era muito ser considerado o seu bandeirante; hoje, porém, que ela existe e vai decidir a sorte da guerra, me é infinitamente preciosa essa apreciação do homem pelo qual tenho a maior admiração.

No dia 13 de julho de 1901, às 6 horas e 41 minutos, em presença da Comissão Científica do Aero Club, parti para a torre Eiffel. Em poucos minutos, estava ao lado da torre; viro e sigo, sem novidade, até o Bois de Boulogne. O sol mostra-se neste momento e uma brisa começa a soprar, leve, é verdade, porém, bastante, nessa época, para quase parar a marcha da aeronave. Durante muitos minutos, o meu motor luta contra a aragem, que se ia já transformando em vento. Vejo que vou sair do bosque e talvez cair dentro da cidade. Precipito a descida e o aparelho vem repousar sobre as árvores do lindo parque do barão de Rotschild. Era necessário desmontar tudo, com grande cuidado, a fim de que se não danificasse, pois pretendia reparar minha embarcação para concorrer de novo ao prêmio Deutsch.

Nesse dia tinha despertado às três horas da manhã para, pessoalmente, verificar o estado do meu aparelho e acompanhar a fabricação do hidrogênio, pois, de um dia para outro, o balão perdia uns vinte metros cúbicos. Sempre segui a divisa: "Quem quer vai, quem não quer manda"... Já o dia ia findando e eu não abandonava o meu balão um só instante, a despeito da fome terrível.

De repente — deliciosa surpresa! —,

apareceu-me um criado com uma cesta cujo aspecto traía iniludivelmente o seu conteúdo; pensei que algum amigo se tivesse lembrado de mim enquanto almoçava... Abri-a e dentro encontrei uma carta; era da senhora Princesa D. Isabel, vizinha do barão de Rotschild, que me dizia saber que eu estava trabalhando até aquela hora, sem refeição nenhuma, e me enviava um pequeno lanche; pensava também nas angústias que deveria sofrer minha mãe, que de longe seguia as minhas peripécias, e declarava ter à minha disposição uma pequena medalha, esperando daria conforto a minha mãe saber que eu a traria comigo em minhas perigosas ascensões.

Essa medalha nunca mais me abandonou.

Sobre essas experiências, publicou *L'Illustration* as seguintes notas:

A primeira quinzena do mês de julho de 1901 foi marcada por dois acontecimentos que poderiam muito bem inserir duas grandes datas na história da humanidade, e que, em todo caso, parecem prometer que em matéria de conquistas científicas o século XX não será inferior ao XIX.

Com dez dias de intervalo, foram testados o submarino Gustave-Zedé, na Córsega, e o balão dirigível de Santos-Dumont, em Paris. Em dois números consecutivos, *L'Illustration* pôde dedicar a foto da primeira página a estas conquistas – as primeiras – no domínio da navegação submarina e no da navegação aérea.

O balão do sr. Santos-Dumont, que acaba de completar dois dias seguidos a viagem de ida-e-volta de St. Cloud à torre Eifel, é o quinto aeróstato com o qual este engenheiro de vinte e oito anos tentou resolver o problema da dirigibilidade.

[...]

As posições respectivas desses diversos aparelhos foram determinadas com muito cuidado e depois de muito checar, a fim de que – uma vez tudo no seu lugar e levando em conta o próprio peso da aeronave – a quilha estivesse perfeitamente equilibrada, o que assegura sua horizontalidade e uma tensão igual das cordas de suspensão. Esta condição explica porque o assento do aeronauta permanece distante do motor.

[...]

Enfim, é pelo deslocamento do cabo de amarração, suspenso sob a quilha e pesando 38 quilos, que o homem obtém a inclinação requerida pelo sistema, de uma forma ou de outra, para efetuar os movimentos de ascensão e descida.

[...]

Às 7 horas, o Santos-Dumont nº 5 dobrou a torre Eifel, contornando-a um pouco acima da segunda plataforma. Esta curva foi executada com uma precisão impressionante.

[...]

Nós esperamos vê-lo voar um dia desses sobre Paris e descer, por exemplo, sobre o terraço do Automóvel Club, na praça da *Concorde*.

—

Reposto o balão e em estado de funcionar, revistas e consertadas todas as suas peças, cheio de novo, fiz experiências preliminares. Convocada novamente a Comissão do Aero Club, parti para a torre Eiffel que circunaveguei de novo; mas, ao voltar, desarranjou-se-me a máquina nas alturas do Trocadero. Manobro para escolher um bom lugar para descer. Supunha ter sido feliz em minhas manobras e esperava descer em uma rua, quando ouço um grande estrondo, grande como o de um tiro de canhão; era a ponta do balão que, na descida, que foi rápida, tocara o telhado de uma casa.

Um saco de papel cheio de ar, batido de encontro a uma parede, arrebenta-se, produzindo grande ruído; pois bem, o meu balão, saco que não era pequeno, fez um barulho assim, mas... em ponto grande. Ficou completamente destruído.

Não se encontrava pedaço maior do que um guardanapo!

Salvei-me por verdadeiro milagre, pois fiquei dependurado por algumas cordas, que faziam parte do balão, em posição incômoda e perigosa, de que me vieram tirar os bombeiros de Paris.

Os amigos e jornalistas me aconselharam a ficar nisso e não continuar em minhas ascensões, da última das quais me salvara por verdadeiro milagre. O conselho era bom, mas eu não pude resistir à tentação de continuar; não sabia contrariar o meu temperamento de *sportsman*.

Convoquei-os para nova experiência daí a três semanas. Eu sabia dos elementos com que podia contar: já conhecia, em Paris, umas vinte casas especialistas, cada qual de um trabalho, e já tinha conquistado a simpatia dos contramestres e operários de quem podia esperar a maior dedicação e serviço rápido.

Iniciei a construção de um novo balão e novo motor, este um pouco mais forte, aquele um pouco maior.

Três semanas, contadas dia por dia, após o último desastre, meu aparelho, o nº 6, estava pronto.

O tempo, porém, continuava mau. Em 19 de outubro (1901), à tarde, pois a manhã foi chuvosa, subi de novo, contornei a torre, a uma altura de 250 metros, sobre uma enorme multidão que aí estacionava à minha espera, e passei por Auteuil, sobre o hipódromo do mesmo nome, que ficava em meu caminho.

Havia corridas; a minha passagem, tanto na ida como na volta, despertou um delírio de aplausos; ouvi a gritaria e vi lenços e chapéus arrojados ao ar; eu distava da terra apenas de 50 a 100 metros...

Da minha saída ao momento em que passei no zênite do ponto de partida, decorreram 29 minutos e 30 segundos.

Com a velocidade que levava, passei a linha da chegada — como fazem os iates, os barcos a petróleo, os cavalos de corridas etc. —, diminuí a força do motor e virei de bordo; então, voltando, e com menos velocidade, manobrei para tocar a terra, o que fiz em 31 minutos após minha partida.

Pois bem, alguns senhores quiseram que fosse esse o tempo oficial!

Grandes polêmicas.

Tive comigo toda a imprensa e povo de Paris e também Son Altesse Imperiale le Prince Roland Bonaparte, presidente da Comissão Científica que ia julgar do assunto.

O voto me foi favorável.

Não se tinham passado dois anos e eram ganhos os cem mil francos do prêmio Deutsch, que, acrescidos aos juros e mais prêmios pequenos, perfazia o total de 129 mil francos, que foram assim destinados: 50 mil francos aos meus mecânicos e operários das usinas que me tinham

O n.º 5, após colidir com o Hotel Trocadero, em 8 de agosto de 1901.

auxiliado; e o restante a mais de 3.950 pobres de Paris, distribuídos, a pedido meu, pelo sr. Lepine, chefe de Polícia, em donativos de menos de vinte francos.

Por essa ocasião, o saudoso sr. Campos Salles, então Presidente da República, enviou-me uma valiosa medalha de ouro e, logo em seguida, fui agradavelmente surpre endido com o recebimento de um prêmio de 100 mil contos de réis, que me foi oferecido pelo Congresso Nacional; além destas, duas outras medalhas recebi: uma do Instituto de França, outra do Aero Club de França.

Depois do meu nº 6, construí vários outros balões, que não me deram os resultados desejados. Há um ditado que ensina: "O gênio é uma grande paciência"; sem pretender ser gênio, teimei em ser um grande paciente. As invenções são, sobretudo, o resultado de um trabalho teimoso, em que não deve haver lugar para o esmorecimento.

Consegui, afinal, construir o meu nº 9;

Página anterior: Com avarias, o n.º 6 pousa no lago do parque Rotschild em Boulogne, em 6 de setembro de 1901.

com ele pude alcançar alguma coisa: fiz dezenas de passeios sobre Paris, fui várias vezes às corridas, dele me apeei à porta de minha casa, na avenida dos Campos Elísios, e nele, quase todas as tardes, fiz curso sobre o Bois de Boulogne.

A minha presença com ele na revista militar de Longchamps, em 14 de julho de 1903, causou um sucesso imenso.

Foi o mais popular de todos os meus... filhos, só mais tarde suplantado pela minúscula *Demoiselle*.

Depois... eu ouvia chalaças deste gênero: "O sr. não faz nada?", "Está sempre fechado em seu quarto, a dormir!".

Nesse ínterim vim ao Brasil; no Rio de Janeiro, em São Paulo, Minas e estados do Norte, por onde passei, me acolheram os meus patrícios com as mais cativantes festas de que jamais me esquecerei e que tanto me penhoraram.

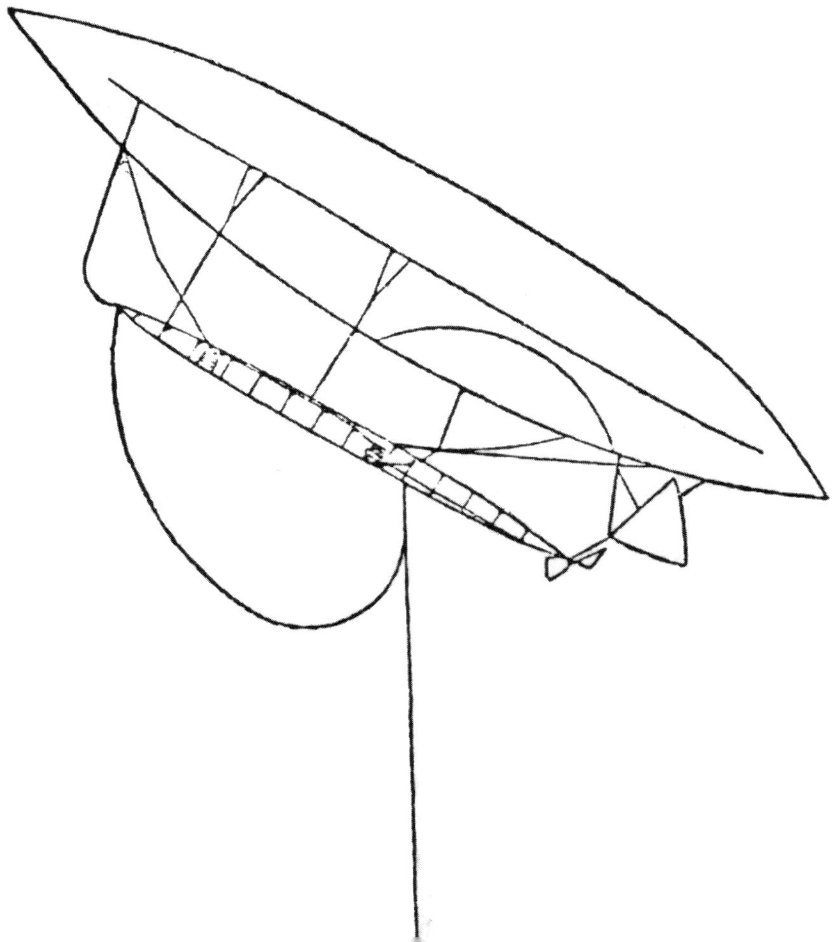

Dirigível n.º 6, 1901.

Durante as minhas horas de intensa alegria e felizes sucessos, só uma saudade me fazia triste: era a ausência de meu Pai. Ele, que me dera tão bons conselhos e os meios para realizar o meu sonho, não mais estava neste mundo para ver que eu "me tinha feito um homem".

É costume oriental fazer recair sobre os pais todo o mérito, toda a glória, que um homem conquiste na vida. Esta maneira de ver pode ser criticada ou desaprovada, porém, no meu caso, ela seria muito justa, pois tudo devo a meu Pai: conselhos, exemplos de trabalho, de audácia, de economia, sobriedade e os meios com os quais pude realizar as minhas invenções.

Tudo lhe devo, desde os exemplos.

Nascido na cidade de Diamantina, o dr. Henrique Dumont formou-se, em engenharia, pela Escola Central de Paris e, depois de trabalhar vários anos na E. F. Central (foi em uma casita situada na garganta de João Aires que eu nasci),

Em seu ateliê, em Paris.

dedicou-se à lavoura no estado do Rio. Vendo que aí nada de grande podia fazer, partiu com minha mãe e oito filhos, então todos crianças, para Ribeirão Preto, que se achava a três dias de viagem a cavalo da ponta dos trilhos da Mojiana.

Explorara, antes, o interior do estado de São Paulo e ficou maravilhado com as matas de Ribeirão Preto.

—

Neste país essencialmente agrícola, ele foi o protótipo do fazendeiro audacioso, e, com uma energia tão grande como a sua confiança no futuro, desbravou sertões e cultivou o solo; aí trabalhou durante dez anos, ao cabo dos quais, por ter sido acometido de uma paralisia, vendeu aquelas "matas", então transformadas em cerca de 5 milhões de cafeeiros, servidos por uma estrada de ferro particular, por ele construída e que os liga a Ribeirão Preto.

Hoje, para que não morresse na memória dos homens a lembrança do valor desse audacioso, os ingleses, em significativa homenagem, conservaram o seu nome na companhia proprietária atual daquelas terras.

Em 1905, a Dumont Coffee Company colheu, naquele cafezal, 498 mil arrobas; em 1911, obteve uma renda bruta de 3.883 contos de réis!

Um dos nossos grandes estadistas, depois de uma visita que fizera a meu pai, escreveu, numa impressão de viagem, referindo-se àquela fazenda: "Ali tudo é grande, tudo é imenso; só há uma coisa modesta: a casa onde mora o fundador de tudo aquilo".

Dormi três anos e no mês de julho de 1906 apresentei-me no campo de Bagatelle com o meu primeiro aeroplano.

Perguntar-me-á o leitor por que o não construí mais cedo, ao mesmo tempo que os meus dirigíveis. É que o inventor, como a natureza de Lineu, não faz saltos: pro-

Dirigível n.º 9 ou *baladeuse aérienne*, voando sobre os prédios da Champs Elysées. Provavelmente entre 1902 e 1904.
Página posterior: Santos-Dumont voando com sua *Demoiselle* nos arredores de Paris, 1909.

gride de manso, evolui. Comecei por fazer-me bom piloto de balão livre e só depois ataquei o problema de sua dirigibilidade. Fiz-me bom aeronauta no manejo dos meus dirigíveis; durante muitos anos, estudei a fundo o motor a petróleo e só quando verifiquei que o seu estado de perfeição era bastante para fazer voar ataquei o problema do mais pesado que o ar.

A questão do aeroplano estava, havia já alguns anos, na ordem do dia; eu, porém, nunca tomava parte nas discussões, porque sempre acreditei que o inventor deve trabalhar em silêncio; as opiniões estranhas nunca produzem nada de bom.

Abandonei meus balões e meu hangar no parque do Aero Club.

Em completo silêncio trabalhei três anos, até que, em fins de julho, após uma assembléia do Aero Club, convidei meus amigos a assistirem às minhas experiências, no dia seguinte.

Foi um espanto geral. Todo mundo queria saber como era o aparelho.

As suas dimensões eram: comprimento, 10 metros; envergadura, 12 metros; superfície total, 80 metros quadrados; peso, 160 quilos; motor, 24 HP.

Era um aparelho grande e biplano e assim o fiz, apenas, a fim de reunir maiores facilidades para voar, pois sempre preferi os aparelhos pequenos, tanto que me esforcei por inventá-los, o que consegui com o meu minúsculo *Demoiselle*, o aeroplano ideal para amador.

Continuando na minha idéia de evolução, dependurei o meu aeroplano em meu último balão, o nº 14; por esta razão, batizaram aquele com o nome de *14-bis*. Com esse conjunto híbrido, fiz várias experiências em Bagatelle, habituando-me, dia a dia, com o governo do aeroplano, e só quando me senti senhor das manobras é que me desfiz do balão.

É verdade que sempre fui de uma feli-

O *14-bis* alcança 6m de altura, no campo de Bagatelle, em 23 de outubro de 1906. Foto publicada com destaque na revista *Illustrated London News* em sua edição de 24 de novembro de 1906.

cidade, de uma sorte inaudita em todos os meus empreendimentos aéreos; tive uma boa estrela.

Atribuo, também, esta sorte à minha prudência.

Nesta ordem de idéias, o primeiro problema que tive a resolver foi a possibilidade de levar-se um motor de explosão ao lado de um balão cheio de hidrogênio. Uma noite, tendo suspenso a alguns metros de altura o motor do meu nº 1, pu-lo em marcha — estava com o seu silencioso —; notei que as fagulhas que partiam com os gases queimados iam em todas as direções e poderiam atingir o balão.

Veio-me a idéia de suprimir o silencioso e curvar os tubos de escapamento para o chão. Passei da maior tristeza à maior alegria, pois, quanto maiores eram as fagulhas, com maior força eram jogadas para a terra e, por conseguinte, para longe do balão. Estava, pois, resolvido este problema: o motor não poria fogo ao balão.

Só o que precisava impedir era que,

em caso de escapamento dos gases do balão pelas válvulas, estes não viessem alcançar o motor. Para impedir isto, eu sempre coloquei as válvulas bem atrás, à popa do balão, por conseguinte, longe do motor*.

O ponto fraco nos aeroplanos era o leme; dei, pois, sempre a maior atenção a este órgão e seus comandos, para os quais sempre empreguei os cabos de aço de primeira qualidade que são usados pelos relojoeiros nos relógios de igrejas.

Lutei, a princípio, com as maiores dificuldades para conseguir a completa obediência do aeroplano; neste meu primeiro aparelho coloquei o leme à frente, pois era crença geral, nessa época, a necessidade de assim fazer. A razão que se dava era que, colocado ele atrás, seria preciso forçar para baixo a popa do aparelho, a fim de que ele pudesse subir; não deixava de haver alguma verdade nisso, mas as dificuldades de direção foram tão grandes que tivemos de abandonar essa

* Foi por não terem tomado estas precauções que os que antes de mim quiseram empregar o motor a explosão pagaram com suas vidas.

disposição do leme. Era o mesmo que tentar arremessar uma flecha com a cauda para a frente.

Em meu primeiro vôo, após 60 metros, perdi a direção e caí.

Este meu primeiro vôo, de 60 metros, foi posto em dúvida por alguns, que o quiseram considerar apenas um salto. Eu, porém, no íntimo, estava convencido de que voara e, se me não mantive mais tempo no ar, não foi culpa de minha máquina, mas exclusivamente minha, que perdi a direção.

Com grande ansiedade, consertei rapidamente o aparelho, fiz-lhe algumas pequenas modificações e, durante algumas semanas, "rodei" em Bagatelle a fim de me aperfeiçoar no seu difícil governo.

Logo depois, em 23 de outubro, perante a Comissão Científica do Aero Club e de grande multidão, fiz o célebre vôo de 250 metros, que confirmou inteiramente a possibilidade de um homem voar.

Esta última experiência e a de 12 de julho de 1901 me proporcionaram os dois momentos mais felizes de toda a minha vida.

Creio interessante citar a opinião de algumas revistas sobre esses meus vôos, por elas amplamente apreciados. Não o faço por não as ter à mão, pois nunca me preocupei em colecionar artigos que se referiam a mim. Dentre todas, porém, lembro-me que *L'Aerofile*, a mais importante e antiga das revistas de aeronáutica, considerou-os um acontecimento histórico.

L'Illustration e *La Nature*, cujos números aqui encontrei, assim os consignaram:

Primeiros testes com o *14-bis* acoplado ao balão dirigível nº 14, campo de Bagatelle, em julho de 1906.

L'Illustration

Sábado, 27 de outubro de 1906

O sr. Santos-Dumont, que já ganhou do prêmio Deutsch 100.000 francos com seu dirigível, acaba de vencer também, na última terça-feira, a Couple Archdeacon, dedicada aos aparelhos de aviação. Montado sobre este aparelho original, sr. Santos-Dumont percorreu, outra manhã, em um bom vôo, uma distância de 60 metros. A fotografia que publicamos aqui é, acreditem, a única tirada ao longo desta experiência apaixonante; mostra que o aeroplano não subiu mais que 2 metros do solo, embora não seja esta a questão, já que o grande interesse da experiência era demonstrar que é possível realizar um vôo planado, sem um suporte mais leve que o ar. Esta demonstração foi realizada hoje.

Eis aqui parte do artigo que publicou *L'Illustration* e, na página em frente, a fotografia que o acompanhava.

La Nature disse:

> O dia 13 de setembro de 1906 será sem dúvida histórico, pois, pela primeira vez, um homem se levantou no ar com seus próprios meios. Santos-Dumont, sem interromper seus trabalhos sobre o "mais leve que o ar", fez também estudos muito importantes sobre o "mais pesado que o ar", e foi ele quem conseguiu "voar" neste dia memorável, diante de um público numeroso.
>
> [...]
>
> Eis um fato conquistado, o homem foi elevado no espaço, sem balão, e esta é uma vitória importante para os partidários do ar.
>
> [...]
>
> Foi então agora (23 de outubro) completada a vitória do "mais pesado que

o ar"; Santos-Dumont demonstrou de modo indiscutível que é possível alguém se elevar do solo por seus próprios meios e se manter no ar.

Um público numeroso assistiu aos primeiros vôos feitos por um homem, como tais, reconhecidos por todos os jornais do mundo inteiro. Basta abri-los, mesmo os dos Estados Unidos, para se constatar essa opinião geral.

Podia citar todos os jornais e revistas do mundo, todos foram, então, unânimes em glorificar *"esse minuto memorável na história da navegação aérea"*.

No ano seguinte o aeroplano Farman fez vôos que se tornaram célebres; foi esse inventor-aviador que primeiro conseguiu um vôo de ida-e-volta. Depois dele, veio Bleriot, e só *dois anos* mais tarde é que os irmãos Wright fazem os seus vôos. É verdade que eles dizem ter feito outros, porém às escondidas.

Eu não quero tirar em nada o mérito dos irmãos Wright, por quem tenho a maior admiração; mas é inegável que, só depois de nós, se apresentaram eles com um aparelho superior aos nossos, dizendo que era cópia de um que tinham construído antes dos nossos.

Logo depois dos irmãos Wright, aparece Levavassor com o aeroplano *Antoinette*, superior a tudo quanto, então, existia; Levavassor havia já vinte anos que trabalhava em resolver o problema do vôo; poderia, pois, dizer que o seu aparelho era cópia de outro construído muitos anos antes. Mas não o fez.

O que diriam Edison, Graham Bell ou Marconi se, depois que apresentaram em público a lâmpada elétrica, o telefone e o telégrafo sem fios, um outro inventor se apresentasse com uma melhor lâmpada elétrica, telefone ou aparelho de telegrafia sem fios dizendo que os tinha construído antes deles?!

A quem a humanidade deve a navegação aérea pelo mais pesado que o ar? Às experiências dos irmãos Wright, feitas às escondidas (eles são os próprios a dizer que fizeram todo o possível para que não transpirasse nada dos resultados de suas experiências) e que estavam tão ignorados no mundo, que vemos todos qualificarem os meus 250 metros de "minuto memorável na história da aviação", ou é aos Farman, Bleriot e a mim, que fizemos todas as nossas demonstrações diante de comissões científicas e em plena *luz do sol*?

Nessa época, os aparelhos eram grandes, enormes, com pequenos motores, voavam devagar, uns 60 quilômetros por hora ou pouco mais. Mandei, então, construir um motor especial de minha invenção, desenhado especialmente para um aeroplano minúsculo.

Este motor possuía dois cilindros opostos, o que traz a inconveniência da dificuldade de lubrificação, mas, também, as vantagens consideráveis de um peso pequeno e um perfeito equilíbrio, não ultrapassado por qualquer outro motor.

Pesava 40 quilos e desenvolvia 35 HP.

Nunca se conseguiu um motor fixo, resfriado a água, e de peso tão insignificante, somente igualado, mais tarde, pelos motores rotativos, aos quais, entretanto, fui sempre contrário, desde o seu aparecimento. Hoje, dez anos passados, parece-me, confirma-se esta minha apreciação, pois o motor fixo tem tido uma aceitação geral.

A *Demoiselle* media 10 metros quadrados de superfície de asas; era oito vezes menor que o *14-bis*! Com ela, durante um ano, fiz vôos todas as tardes e fui, mesmo, em certa ocasião, visitar um amigo em seu castelo. Como era um aeroplano pequenino e transparente, deram-lhe o nome de *Libelule* ou *Demoiselle*.

Demciselle n.º 19, motor *Dutheil-Chalmers* 35hp, 1907.

Este foi, de todos os meus aparelhos, o mais fácil de conduzir, e o que conseguiu maior popularidade.

Com ele obtive a "Carta de piloto" de monoplanos. Fiquei, pois, possuidor de todas as cartas da Federação Aeronáutica Internacional: Piloto de balão livre, piloto de dirigível, piloto de biplano e piloto de monoplano.

Durante muitos anos, somente eu possuía todas estas cartas, e não sei mesmo se há já alguém que as possua.

Fui pois o único homem a ter verdadeiramente direito ao título de aeronauta, pois conduzia todos os aparelhos aéreos.

Para conseguir este resultado me foi necessário não só inventar, mas também experimentar, e nestas experiências tinha, durante dez anos, recebido os choques mais terríveis; sentia-me com os nervos cansados.

Anunciei a meus amigos a intenção de pôr fim à minha carreira de aeronauta — tive a aprovação de todos.

Demoiselle nº 22 com motor *Bayard* resfriado a água, 1909.

Tenho acompanhado, com o mais vivo interesse e admiração, o progresso fantástico da aeronáutica. Bleriot atravessa a Mancha e obtém um sucesso digno de sua audácia. Os circuitos europeus se multiplicam; primeiro, de cidade a cidade; depois, percursos que abrangem várias províncias; depois, o *raid* de França à Inglaterra; depois, o *tour* da Europa.

Devo citar também o primeiro *meeting* de Reims que marcou, pode-se dizer, a entrada do aeroplano no domínio comercial.

Entramos na época da vulgarização da aviação e, nessa empresa, brilha sobre todos o nome de Garros. Esse rapaz personificou a audácia; até então, só se voava em dias calmos, sem vento. Garros foi o primeiro a voar em plena tempestade. Logo depois, atravessou o Mediterrâneo.

O estado atual da aeronáutica todos nós o conhecemos, basta abrir os olhos e ler o que ela faz na Europa; e é com enternecido contentamento que eu acompanho o domínio dos ares pelo homem:

É meu sonho que se realiza.

O que nós veremos

ESTAVA NA EUROPA em 1915, quando recebi da Diretoria do Aero Club da América um convite para tomar parte no Segundo Congresso Científico Pan-Americano, onde se fizeram representar, pelos seus filhos mais ilustres, todos os países do nosso continente.

Aproveitei a oportunidade, que tão especialmente se me oferecia, para, mais uma vez, exprimir a minha inteira confiança no futuro da navegação aérea.

Escolhi, para isso, este tema: "Como o aeroplano pode facilitar as relações entre as Américas".

As condições topográficas do continente sul-americano tornando economicamente impossível a construção de estradas de ferro e, portanto, o transporte e comunicação adequados, têm retardado a estreita união, tão desejável, entre os Estados do hemisfério ocidental. Cidades importantes, situadas em grandes altitudes, ficam isoladas. Algumas, em verdade, parecem estar, praticamente, fora do alcance da civilização moderna.

A longa e penosa viagem, o tempo que nela se gasta, em vapor, vai demorando a aliança íntima dos países sul-americanos com os Estados Unidos, para quem parecem inacessíveis, por tão remotos.

Um largo tempo de percurso nos separa, impedindo o desenvolvimento de proveitosas relações comerciais, reciprocamente interessantes, sobretudo agora que a guerra anormaliza o mercado mundial.

Quem sabe quando uma potência européia há de ameaçar um Estado americano? Quem poderá dizer se na presente guerra não veremos uma potência européia vir apoderar-se de território sul-americano? A guerra entre os Estados Unidos e um país da Europa é impossível? Uma aliança estreita entre a América do Norte e a do Sul redundaria em uma força formidável.

Eu vos falei do comércio e da dificuldade do seu desenvolvimento, das facilidades de transporte e comunicações e do incremento das relações amistosas. Estou convencido que os obstáculos de tempo e distância serão removidos. As cidades exiladas na América do Sul entrarão em contato direto com o mundo de hoje. Os países distantes se encontrarão, apesar das barreiras de montanhas, rios e florestas. Os Estados Unidos e os países sul-americanos se conhecerão tão bem como a

Inglaterra e a França se conhecem. A distância de Nova York ao Rio de Janeiro, que é agora de mais de vinte dias de viagem por mar, será reduzida a dois ou três dias. Anulados o tempo e a distância, as relações comerciais, por tanto tempo retardadas, se desenvolverão espontaneamente. Teremos facilidades para as comunicações rápidas. Chegaremos a um contato mais íntimo. Seremos mais fortes, nos nossos laços de compreensão e amizade.

Tudo isso, senhores, será realizado pelo aeroplano.

Não me parece muito longe o tempo em que se estabeleça o serviço de aeroplanos entre as cidades dos Estados Unidos e as capitais sul-americanas. Com um serviço postal em aeroplano a comunicação entre os dois continentes reduzirá de vinte para dois ou três dias. O transporte de passageiros entre Nova York e os mais longínquos pontos da América do Sul não é impossível. Creio, senhores,

Página ao lado: "Este monumento, mandado erigir em St. Cloud pelo Aeroclube da França, me é duas vezes grato: é a consagração de meus esforços e, homenagem que se prestou a um brasileiro, reflete-se sobre a pátria toda."

que o aeroplano, com pequenos aperfeiçoamentos, resolverá o problema por que tanto temos lutado.

A possibilidade da navegação aérea entre os Estados Unidos e a América do Sul é mera especulação fantasiosa?

Intimamente creio que a navegação aérea será utilizada no transporte de correspondência e passageiros entre os dois

continentes. Algum de vós demonstrará incredulidade e rirá desta predição.

Sem embargo, faz doze anos que eu disse que as máquinas aéreas tomariam parte nas futuras guerras e todos, incrédulos, sorriram.

Em 14 de julho de 1903, voei sobre a revista militar de Longchamps. Nela tomavam parte 50 mil soldados e em seus arredores se acotovelavam 200 mil espectadores. Foi a primeira vez que a navegação aérea figurou em uma demonstração militar. Naquela época, predisse que a guerra aérea seria um dos aspectos mais interessantes das futuras campanhas militares. Minha previsão foi ridicularizada por alguns militares; outros, entretanto, houve que, desde logo, alcançaram as futuras e imensas utilidades da navegação aérea. Dentre estes, é, para mim, grato recordar o nome do senhor General André, então ministro da Guerra de França, de quem recebi a seguinte carta:

Ministério da guerra
Gabinete do Ministro

Paris, 19 de julho de 1903.

Senhor,

Durante o desfile de 14 de julho, notei admirado a facilidade e a segurança com que o senhor dirigia seu balão. Seria impossível deixar de constatar o progresso que o senhor proporcionou à navegação aérea. Aparentemente, graças ao senhor, deve-se aplicá-la doravante a questões práticas, sobretudo de um ponto de vista militar. Estimo que dessa maneira a navegação aérea seja muito útil em tempos de guerra...

General André

Consideremos, entretanto, os acontecimentos desde aquela época. Consideremos o valioso trabalho que o aeroplano tem produzido na atual guerra.

A aviação revolucionou a arte da guerra.

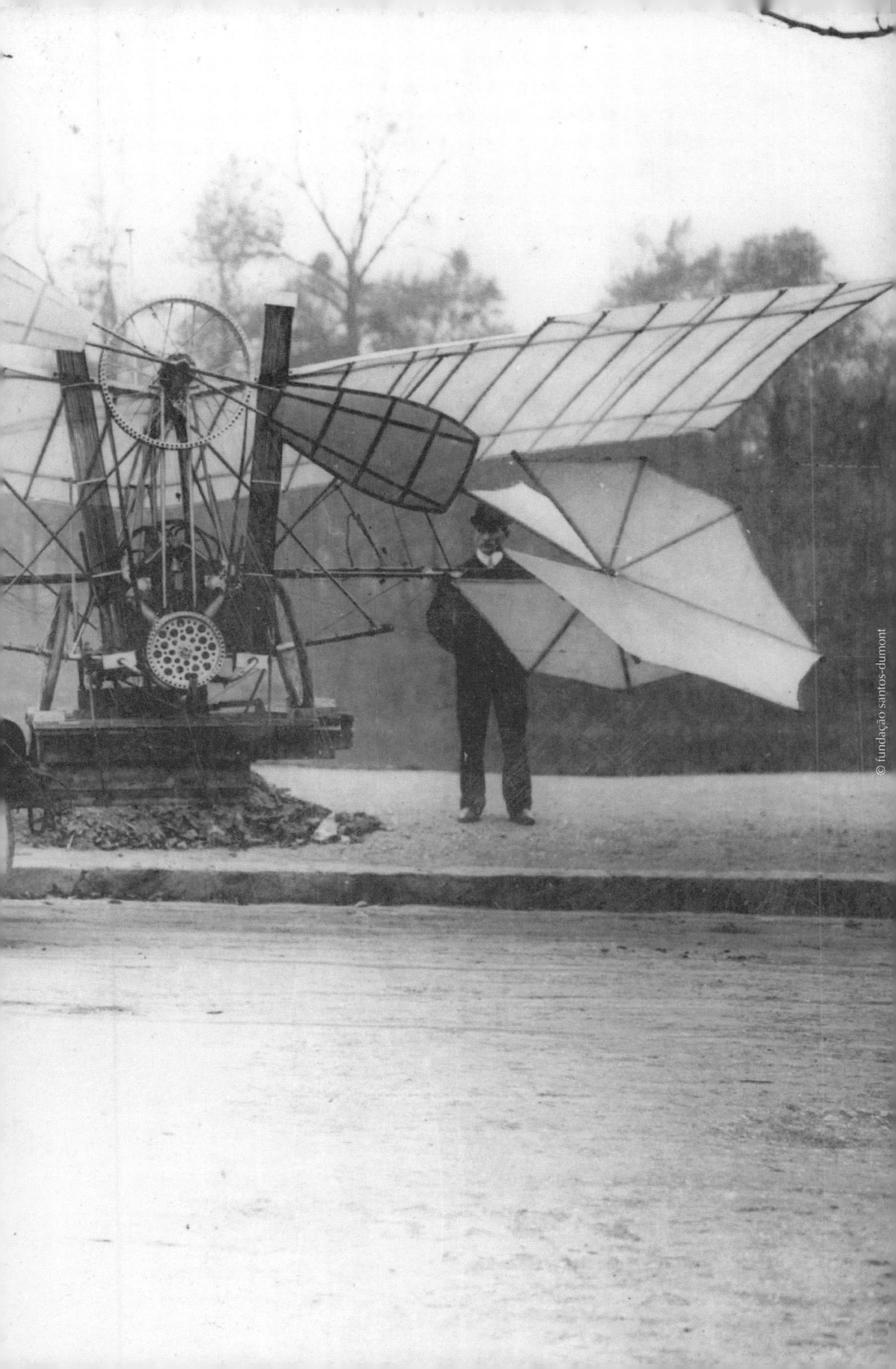

A cavalaria, que teve grande importância em momentos valiosos, deixou de existir.

No meu livro *Dans l'air*, publicado em 1904, eu dizia:

> [...] Não posso deixar este assunto sem antes fazer alusão a uma vantagem única da aeronave: quero dizer da faculdade que possui o piloto aéreo de perceber os corpos em movimento sobre a superfície das águas. Cruzando o mar com o cabo de amarração ao topo e se mantendo à altura que lhe parece conveniente, a aeronave leva livremente a qualquer sentido o piloto. Entretanto, o submarino que persegue o curso furtivo sob as ondas é perfeitamente visível ao piloto, ao passo que de um navio de guerra permanece absolutamente invisível. É um fato de observação e que diz respeito a determinadas leis da ótica. Assim, coisa verdadeiramente curiosa, a aeronave do século XX

pode se tornar, a princípio, o grande inimigo desta outra maravilha do século, o submarino! Pois enquanto o submarino é impotente contra a aeronave, esta, dotada do dobro de velocidade, pode cruzar a sua procura, seguir todos seus movimentos e os comunicar aos navios ameaçados. E enfim, nada impede a aeronave de destruir o submarino, apontando contra ele projéteis carregados de dinamite, capazes de penetrar pelas ondas até profundidades em que a artilharia de um encouraçado não alcança.

Vemos que hoje se realiza, inteiramente, essa previsão, feita há doze anos, quando a aeronáutica acabava de nascer.

O aeroplano provou a sua importância suprema nos reconhecimentos.

De seu bordo, podem-se locar as trincheiras inimigas, observar os seus movimentos, o transporte de tropas, munições

Demoiselle, n.º 19.

e canhões. De bordo do aeroplano, por meio de telegrafia sem fios, ou de sinais, pode-se dirigir o fogo das forças. Por meio de informações transmitidas pelo telégrafo sem fios, grandes peças de artilharia podem precisar seus tiros contra as trincheiras e baterias inimigas... O avião é de maior valor na defesa das costas do que os cruzadores.

—

A aviação demonstrou-se a mais eficaz arma de guerra tanto na ofensiva como na defensiva. Desde o início da guerra, os aperfeiçoamentos do aeroplano têm sido maravilhosos.

Quem, há cinco anos atrás, acreditaria na utilização de aeroplanos para atacar forças inimigas? Que os projéteis de canhões poderiam ser lançados com efeitos mortíferos de alturas inacessíveis ao inimigo?

Desde o começo da guerra, os aparelhos têm melhorado. Têm sido aumentados em dimensões e alguns, hoje, são feitos exclusivamente de aço. Os motores igualmente se têm aperfeiçoado. O mais espantoso acontecimento foi o desenvolvimento dos canhões para aeroplanos. A princípio, o recuo dos canhões, ao atirar, constituía a maior dificuldade relativa aos ataques aéreos. Os constantes e repetidos choques do contragolpe do disparo, mesmo de pequenos canhões, logo bambeavam as frágeis estruturas dos aeroplanos assim utilizados, pondo-os fora de uso. Este inconveniente já está sanado. Novos canhões foram inventados, que não produzem contrachoque. Consistem em um tubo do qual são expelidos dois projéteis, por uma única explosão. No momento de atirar, um dos projéteis, uma mortífera bala de aço, desce velozmente em direção ao inimigo, e o outro, de areia, é descarregado no sentido contrário; dessas duas descargas simultâneas resulta a ausência de contrachoque.

Imaginai o poder deste terrível fogo lançado de um aeroplano!

Se o aeroplano, senhores, se tem mostrado tão útil na guerra, quanto mais não o deverá ser em tempos de paz?

Há menos de dez anos o meu aparelho era considerado uma maravilha. Nele havia lugar apenas para uma pessoa; eu me utilizei de um motor de menos de 20 HP. A princípio apenas consegui voar alguns metros, e pouco depois alguns quilômetros. Meu recorde foi de vinte quilômetros. Eu carregava gasolina apenas suficiente para um vôo de quinze minutos. Naquela época o aeroplano era considerado um brinquedo. Ninguém acreditava que a aviação chegaria ao progresso de hoje. Nesses tempos voávamos apenas quando a atmosfera estava tranqüila, geralmente ao nascer do sol ou ao seu pôr.

Acreditava-se que um aeroplano só poderia voar quando não houvesse vento. Hoje fabricam-se aparelhos que podem transportar trinta passageiros, capazes de viajar nos ares durante horas, de percorrer cerca de mil milhas sem tocar em terra, movidos por motores num total de mais de mil cavalos. Um aeroplano já atingiu a altura de 26.200 pés, e já se manteve no ar durante 24 horas e 12 minutos, e entre o levantar e o pôr-do-sol percorreram-se, em aeroplano, 2.100 quilômetros. Não tememos mais ventos nem temporais; o aparelho moderno de voar atreve-se em qualquer céu e atravessa tempestades de qualquer velocidade, e pode, ainda, elevar-se acima das regiões tempestuosas. Ainda agora o aeroplano está em sua infância. No espaço de dez anos ele progrediu mais rapidamente que o automóvel.

Por meio do aeroplano, estamos hoje habilitados a viajar com velocidade superior a 130 milhas por hora. Para fins comerciais e comunicações internacionais, tanto as estradas de ferro como os automóveis chegaram a um ponto em que a sua utilidade termina. Montanhas, flo-

restas, rios e mares entravam o seu progresso. Mas o ar fornece um caminho livre e rápido para o aeroplano; para ele não há empecilhos. A atmosfera é o nosso oceano e temos portos em toda a parte!...

Eu, que tenho algo de sonhador, nunca imaginei o que tive ocasião de observar quando visitei uma enorme fábrica nos Estados Unidos. Vi milhares de hábeis mecânicos ocupados na construção de aeroplanos, produzidos diariamente em número de doze a dezoito.

Melhorado pelas necessidades e exigências da guerra, o aeroplano — desviado dos fins destruidores — provará o seu incalculável valor como instrumento dos objetivos úteis da raça humana. No momento atual é bem possível que qualquer dos atuais grandes aparelhos possa fazer viagens de Nova York a Valparaíso, ou de Washington ao Rio de Janeiro. Um ponto de abastecimento de combustível poderia ser facilmente instalado em cada 600 milhas de percurso.

A principal dificuldade para a navegação aérea está no progresso precário dos motores. Francamente, o motor atual ainda não atingiu o que deveria ser. O aeroplano em si desenvolveu-se mais rapidamente que o motor.

Penso, entretanto, que, em breve, o motor do aeroplano se aperfeiçoará a tal ponto que não terá maiores imperfeições que os dos melhores e mais perfeitos automóveis hoje fabricados.

Atualmente, um motor de aeroplano precisa ser relativamente leve e, ao mesmo tempo, resistente a grande trabalho contínuo.

Já o aço tem sido melhorado e tornado mais resistente por processos especiais;

ninguém sabe até que ponto poderíamos continuar a melhorá-lo ainda. Se inventores como Edison, Tesla, Henry Wise Wood, Spery, Curtiss etc., dedicassem sua energia a este assunto, estou convencido que em pouco tempo teríamos um motor perfeitamente satisfatório.

Outra dificuldade, que se apresenta à navegação aérea, é a de localizar-se o aeroplano. É agora impossível o uso do sextante nos ares.

Creio que um horizonte artificial, produzido por meio de um espelho, mantido em posição horizontal por um giroscópio, resolverá este problema. Com a aplicação do giroscópio os cientistas têm conseguido resultados maravilhosos. Não somente um aeroplano pode ser hoje mantido em equilíbrio, por meio de um giroscópio, como um grande vapor.

Com o motor aperfeiçoado e meios precisos de guiar seu curso, o aeroplano está certamente predestinado a figurar como um dos fatores mais importantes no desenvolvimento do comércio e na aproximação das nações que se acham separadas pelas grandes distâncias.

Os países onde faltaram as boas estradas de rodagem foram, creio, os primeiros a adotar as estradas de ferro.

Nos países novos da América do Sul, não há abundância de estradas de ferro.

Há cidades a tal altitude que a estrada de ferro dificilmente as poderia atingir, e é a essas cidades que o aeroplano levará a civilização e o progresso.

Prevejo uma época em que se farão carreiras regulares de aeroplano, entre as cidades sul-americanas, e também não me surpreenderá se em poucos anos houver linhas de aeroplanos funcionando entre

258-E9

as cidades dos Estados Unidos e a América do Sul.

Além das vantagens provenientes da aproximação dos países sul-americanos entre si e com os Estados Unidos, há ainda um ponto para o qual chamo vossa atenção. Todos os países europeus são velhos inimigos e aqui no Novo Mundo devemos ser todos amigos. Devemos estar habilitados a intimidar qualquer potência européia que pretenda guerra contra nós, não pelos canhões, dos quais temos tão pequeno número, mas sim pela força da nossa união. No caso de uma guerra contra uma potência européia nem os Estados Unidos, nem, tampouco, qualquer dos maiores países sul-americanos, nas atuais condições, poderia convenientemente proteger suas extensas costas. Seria irrealizável a proteção das costas brasileira e argentina por uma esquadra.

Página anterior: As asas do avião *14-bis* sendo rebocadas em carreta especial, do hangar de Neuilly ao campo de Bagatelle.

Unicamente uma esquadra de grandes aeroplanos, voando a duzentos quilômetros por hora, poderia patrulhar estas longas costas... Aeroplanos de reconhecimento poderão descobrir a aproximação da esquadra hostil e prevenir os seus navios de guerra para a luta.

Estarei eu falando em coisas irrealizáveis?

Lembrai-vos de que há dez anos ninguém me tomou a sério. Agora temos ocasião de observar o que tem feito o aeroplano na Europa, fazendo reconhecimentos, dirigindo batalhas, movimento de tropas, atacando o inimigo e defendendo as costas.

A falta de comunicação nos antigos tempos foi a origem básica de uma Europa desunida e em guerra.

Esperemos que a navegação aérea traga a união permanente e a amizade entre as Américas.

Aqui acabo de expor, em resumo, o que eu disse na minha conferência de Washington, e não tenho razão de desdizerme. Pelo contrário, cada vez mais, creio maior e mais próximo o futuro da navegação aérea. As revistas especiais que recebo falam constantemente do problema da travessia do Atlântico. Podemos pois dizer que a idéia está no "ar"; é pois uma questão talvez de meses e, então, saberemos que um aeroplano partido do Novo Mundo foi ter ao Velho em talvez um dia! Colombo para fazer a viagem em sentido inverso levou setenta. Saberemos também que três ou quatro audaciosos que pilotavam essa máquina sofreram muito do frio, da chuva etc., porém, caro leitor, tenhamos um pouco de paciência; em breve existirão transatlânticos aéreos com quartos de dormir, salão e também, o que é muito importante, governados automaticamente por giroscópios e acionados por várias motores com um grande excedente de força, para o fim de, em caso de avaria em um deles, serem os outros bastante poderosos para manter o vôo do aparelho.

Um pouco de paciência!

Quem ler o nº 1 de *Je sais tout*, 1905, verá que em um meu artigo publicado nesse número eu dizia: "A guerra do futuro se fará em meio a rápidos cruzadores aéreos bombardeando à sua maneira os fortes, as tropas e os navios". Este artigo foi ridicularizado por alguns militares.

Haverá hoje, talvez, quem ridicularize minhas predições sobre o futuro comercial dos aeroplanos. Quem viver, porém, verá.

Esta minha conferência de Washington foi bem-aceita e eu creio que uma das provas está em me ter o Aero Club da América, logo após ela, convidado para representá-lo no Congresso Pan-Americano de Aeronáutica, que se ia reunir no Chile. Aceitei esta honra e parti disposto a tudo encontrar no Chile: tinha conhecido em Paris a sociedade chilena e a sabia a mais amável do mundo; tinha ouvido falar nas belezas naturais do Chile, ia pois vê-las. Ia ver os Andes, ia ver muita coisa, tudo, menos aeroplanos. Era a minha expectativa. Faça, pois, o leitor idéia do meu espanto quando, logo ao meu desembarque e em uma festa que organizaram em minha homenagem, voaram mais de doze aparelhos e os mesmos aparelhos com aviadores diferentes!! Chegando a Santiago fui visitar o campo de aviação do Exército, esplendidamente bem escolhido. À minha vista, os oficiais aviadores voavam e pousavam com a maior perícia. O meu espanto ainda foi maior quando me mostraram as usinas de construção, propriedade do Exército e que são contíguas ao campo!!

Página ao lado: assistentes de Santos-Dumont posam diante de hélice de dirigível.

Parecia que eu estava de novo nos arrabaldes de Paris!! Um dos oficiais presentes, com a maior naturalidade do mundo, convida-me para voarmos até Valparaíso, que se achava a 150 quilômetros e, para lá ir, era necessário passar por cima de parte dos Andes; aceito, e hora e meia depois lá estávamos!

O trabalho, a perícia, a capacidade e o sucesso destes nossos amigos do Pacífico só são excedidos pela sua modéstia, pois, é verdade, não perderam momento de me pedir conselhos, ora sobre a instalação de um aeródromo náutico, ora sobre hidroaviões; quando nas usinas, sobre material, madeiras nacionais, possibilidades de aperfeiçoamentos etc. Querem aperfeiçoar-se e deram-me a honra de acreditar-me um especialista na arte.

De lá passei à Argentina, onde de novo encontrei um grande entusiasmo pela aeronáutica e também um grande resultado obtido; aí, porém, a aviação é muito facilitada pela topografia do país. Não sei o número de pilotos que há ali, mas é o que há de mais comum encontrar moços da alta sociedade que têm carta de piloto.

—

Devo aqui fazer um elogio aos nossos amigos do Prata que, podendo encontrar facilmente um bom terreno para aeródromo, a dez minutos de Buenos Aires, o foram escolher a algumas horas da cidade, para o terem ótimo, obrigando os oficiais e discípulos a lá viver e estar de pé ao nascer do sol, que é a hora das aulas!

Lá vi também um curso para oficiais observadores!

—

Houve, entre os aeronautas argentinos e chilenos, uma rivalidade esportiva em que se empenhavam para ver quem primeiro atravessaria os Andes. Era uma prova difícil, de cuja realização muitas honras viriam para a aeronáutica sul-americana.

Dois argentinos, os senhores Bradley e Zuloaga, conseguiram fazer essa travessia.

Partidário que sempre fui da aproximação do Brasil e da Argentina, e seguro de interpretar os sentimentos dos meus patrícios, saudei-os em nome dos brasileiros, por ocasião da sua chegada a Buenos Aires, vindos do Chile pelo caminho dos ares.

Desse discurso aqui transcrevo algumas frases em homenagem a esse arrojado empreendimento daqueles dois filhos do povo amigo:

> Bradley, Zuloaga:
> Eu os saúdo:
> Para os senhores, que ontem foram saudados pelos condores, meu cumprimento é insignificante.
> [...]
> Hoje, ao cruzar os mares, pensamos em Colombo... Amanhã, os navegantes do espaço, ao cruzar os Andes, recordarão os nomes de San Martin,

Bradley e Zuloaga, e dirão: "Por aqui, duas vezes, os argentinos passaram primeiro". [...]

Em sua *Lenda dos séculos* Victo Hugo disse:

"Pois, diante de um herói, a morte é a mais fraca".

Os senhores provaram que o poeta tinha razão. Bravo!

Posso assegurá-los que vinte milhões de corações brasileiros os aplaudiram.

Grande interesse, pois, no Chile e Argentina; nos Estados Unidos esse interesse chega quase ao delírio.

Depois de ter visto o interesse extraordinário que tomam pela aeronáutica todos os países que percorri, e vendo o desprezo absoluto com que a encaravam entre nós, falou mais alto que minha timidez o meu patriotismo revoltado e, por duas vezes, me dirigi ao sr. presidente da República.

Há dois anos, fiz ver a S. Exa., o perigo que havia em não termos, nem no Exército, nem na Marinha, um corpo de aviadores. Há um ano, escrevi uma crítica e apresentei um exemplar a S. Exª.

Nessas notas, eu assim dizia:

> Leio que o Governo vai, de novo, tomar posse do Campo dos Afonsos, onde será instalada a Escola Central de Aviação do Exército, e que a Marinha vai transportar para a ilha do Governador a sua Escola.
>
> [...]
>
> Primeiro trataremos do Campo dos Afonsos: Há dois anos o Exército, creio que reconhecendo a pouca praticabilidade desse campo, o abandonou... O Aero Club aí instalou o seu Campo de Aviação. Convidado pela diretoria deste Club, há anos, para visitar e dar a minha opinião sobre o dito campo, disse que o achava mais do que ruim: achava-o *péssimo*. Aconselhei que procurassem uma grande planície ou, melhor ainda seria que o Club se ocupasse primeiro de aviação náutica, já que

nos deu a natureza um aeródromo náutico único no mundo. O Aero Club não seguiu os meus conselhos.

[...]

É grande a minha tristeza ao ler que o Governo vai de novo tomar posse desse terreno para aí instalar o campo central de aeronáutica!!! Os franceses tiveram a sorte de encontrar bons campos perto de Paris, porém as vantagens de um campo *ótimo* são tão grandes que eles foram instalar os seus novos campos quase no extremo da França, em Pau, onde encontraram imensas *landes*. Eu estou certo que, no Sul, nós devemos possuir planícies iguais às de Pau, onde se poderá trabalhar sem perigo, nem para o futuro aviador, nem para o aeroplano e onde o ensino será infinitamente mais rápido, graças a poder-se empregar "pingüins" para o ensino dos principiantes.

[...]

Um principiante, que se familiarize com um destes aparelhos, necessitará de poucas lições para voar. Nos Esta-

dos Unidos as escolas de aviação estão muito longe da capital; estão onde se encontram bons campos.
Quanto à Escola Naval, eu creio que ela não está mal na ilha das Enxadas.
[...]
A minha opinião é, pois: para o Exército, a escolha de um vasto campo no Sul do Brasil, ou mesmo o de Santa Cruz. Para a Marinha, creio que se deve escolher uma base, para os seus hidroaeroplanos, o mais perto possível da cidade do Rio, que é onde vivem os oficiais e alunos. Aproveito esta ocasião para fazer um apelo aos senhores dirigentes e representantes da Nação que dêem asas ao Exército e à Marinha Nacional. Hoje, quando a aviação é reconhecida como uma das armas principais da guerra, quando cada nação européia possui dezenas de milhares de aparelhos, quando o Congresso americano acaba de ordenar a construção de 22 mil destas máquinas e já está elaborando uma lei ordenan-

do a construção de uma nova série, ainda maior; quando a Argentina e o Chile possuem uma esplêndida frota aérea de guerra, nós, aqui, não encaramos ainda esse problema com a atenção que ele merece!

Rio de Janeiro, 16 de novembro de 1917.
Santos-Dumont

S. Exª. agradeceu-me e disse-me que, no futuro, se tivesse necessidade de meus conselhos, me preveniria.

O parque de meus dirigíveis, que se achava em St. Cloud, media um décimo de quilômetro quadrado. Quando me lancei na aviação procurei um maior, que foi o de Bagatelle; tinha perto de um quilômetro quadrado. Logo após o meu vôo de 250 metros, vi que este campo era demasiado pequeno e fui instalar-me em Issy-les-Moulinaux — mais de um quilômetro quadrado —, porém, cercado de casas; vi os defeitos. Fui então para St. Cyr, campo militar de somente alguns quilômetros quadrados, porém, contíguo a grandes planícies.

Vêem, portanto, que dou imensa importância a um campo de aviação; dele depende o êxito na formação de aviadores; sinto, pois, que o Aero Club, do qual tenho a honra de ser presidente honorário, não tenha seguido os meus conselhos, de abandonar, há muitos anos, o Campo dos Afonsos; sinto que ele não se tenha servido do hangar que lhe construí na praia Vermelha, ao lado do mais lindo dos aeródromos — a baía de Guanabara.

Sei que o Aero Club vai, agora, abandonar os Afonsos.

É tempo, talvez, de se instalar uma escola *de verdade* em um campo adequado. Não é difícil encontrá-lo no Brasil. Nós possuímos, para isso, excelentes regiões, planas e extensas, favorecidas por ótimas condições atmosféricas. Antes de tudo, porém, é preciso romper com o nosso preconceito de medir por metros quadrados um campo de aviação e de procurá-lo nos arrabaldes das grandes cidades.

Em França diz-se que um campo tem tantas dezenas de quilômetros quadrados; em Inglaterra e Estados Unidos, fala-se em milhas quadradas; no Chile e Argentina, fala-se em léguas quadradas; aqui, neste imenso e privilegiado Brasil, fala-se em "metros quadrados". É preciso considerar, antes de tudo, que, mesmo na hipótese de um *milhão* de metros quadrados, isto seria apenas um quilômetro quadrado, apenas 1/36 de uma légua quadrada! Um aeroplano moderno, que faça 200 quilômetros por hora, partindo do centro de um campo de tais dimensões, em menos de nove segundos estaria fora do perímetro do aeródromo!

Fora do aeródromo, está em zona perigosa, principalmente para os principiantes.

Não falemos nas desvantagens de morarem os alunos longe dos campos. Eles precisam dormir próximo à Escola, ainda que para isso seja necessário fazer instalações adequadas, porque a hora própria para lições é, reconhecidamente, ao clarear do dia.

—

O nosso Governo possui, a duas horas do Rio de Janeiro, o esplêndido e vasto Campo de Santa Cruz, com perto de duas léguas quadradas, absolutamente planas.

O terreno onde houver cupim ou outras irregularidades não servirá.

Margeando a linha da Central do Brasil, especialmente nas imediações de Moji das Cruzes, avistam-se campos que me parecem bons.

Demoiselle

O campo de remonta do Exército, no Rio Grande do Sul, deve ser ideal.

Sinto-me perfeitamente à vontade para falar com esta franqueza aos meus patrícios, para quem a minha opinião, porém, parece menos valiosa que para os americanos do norte e chilenos. Sinto-me à vontade porque ela é inspirada pelo meu patriotismo, jamais posto em dúvida, e nunca pelo meu interesse. Nunca me seduziu uma posição oficial ou remunerada, pois desejo levar a vida que até hoje levei, dedicando o meu tempo às minhas invenções.

Há vinte anos que vivo para a aeronáutica, nunca tirei privilégios, fiz vôos sempre ao lado do meu ateliê para, apenas, verificar uma invenção de que nunca procurei auferir benefícios.

Penso que, sob todos os pontos de vista, é preferível trazer professores da Europa ou dos Estados Unidos, em vez de para lá enviar alunos.

Estou certo que os rapazes brasileiros que fossem ao estrangeiro aprender a arte da aviação se fariam esplêndidos e corajosos aviadores. Entretanto, não nos esqueçamos de que nem todo aviador é bom professor. Para ensinar uma arte não é bastante conhecer-lhe a técnica, mas é preciso, também, saber ensiná-la.

É possível que, dentre os quatro ou seis rapazes que forem estudar na Europa, se encontre um, bom professor; isso, porém, não passa de uma probabilidade. Mais acertado e mais seguro, portanto, seria escolher, desde logo, alguns bons professores, entre os muitos que há na Europa e nos Estados Unidos, e contratá-los para ensinar a aviação aqui, em território nosso.

Os aeroplanos devem ser encomendados às melhores casas européias ou americanas, cujos tipos já tenham sido consagrados pelas experiências na guerra.

Resumindo, pois, penso que não teremos *aviação de verdade*, enquanto não possuirmos um grande campo, de léguas quadradas, ou mesmo um pequeno, de alguns quilômetros, rodeado, porém, de grandes planícies que, não obstante não pertençam à Escola, ofereçam bom terreno para a descida do aparelho em caso de necessidade. Precisamos também de professores experimentados na arte de ensinar aviação e que morem, com os alunos, próximo à Escola.

Já me fizeram sentir que eu não voava mais e, entretanto, pretendo, ainda, dar conselhos. Não obstante, tenho-os dado com a máxima sinceridade e franqueza, certo de que aqueles que me ouvem se lembram de que eu não fui apenas aviador, mas que me foi necessário estudar, pensar, inventar, construir e só depois voar! Nos Estados Unidos, Wright, Curtiss etc. foram aviadores precursores, já não voam há dez anos e agora estão encarregados da organização e construção da aeronáutica. Em França, Bleriot, os Farman, os Morane etc. foram aviadores precursores, não o são mais há muitos anos e também estão utilizados pelos seus governos para a construção e organização da navegação aérea. Clement, Delauney, Marquis de Dion, Renault etc. foram todos *chauffeurs*, porém, agora, são considerados os inventores do automobilismo e estão encarregados da sua construção e organização.

Estes senhores foram *chauffeurs* ou "aviadores", como eu também o fui. Não mais o sou, como eles também não o são; mas, o dom de inventores, a aptidão de organizadores e de construtores e este conhecimento das necessidades da arte que eles inventaram e praticaram lhes ficou, e os seus governos os têm sabido aproveitar.

O título de aviador que continuam a dar-me, sem que o mereça, há já dez anos — pois a última vez que conduzi um aeroplano foi em 1908 — tem ainda, para mim, um outro lado desagradável, e é o de causar desapontamentos a amigos e admiradores nas cidades do interior por onde passo.

No primeiro dia, grande alegria; mas, quando são prevenidos de que não trouxe aeroplano e não vou voar, há um grande desapontamento.

Cito um caso que se passou ultimamente: chego a uma cidadezinha do interior e encontro um amigo e companheiro íntimo de colégio. Havia justos trinta anos que não nos víamos. Grande prazer dos dois por nos encontrarmos. Proponho passeios a pé ou a cavalo, durante os quais discorreríamos sobre os tempos antigos. O meu amigo opõe-se, pois já não está mais em idade de subir montanhas a pé, e mesmo já lhe é desagradável andar a cavalo! Nos nossos passeios, em charrete, o meu amigo, que é muito espirituoso, faz-me rir muito contando anedotas da nossa infância; porém, a um momento dado, pára e diz: "Já rimos bastante; agora vamos falar sério; os habitantes da cidade e eu estamos muito descontentes contigo; pois vens passar aqui alguns dias e não fazes um vôo! Que custa mandares um telegrama e fazer vir o teu "realejo"? Tocarias a manivela e nos mostrarias o que és capaz de fazer!".

"Pois bem, caro amigo; você sente-se já cansado para fazer longos passeios a pé ou a cavalo; eu, que tenho a sua idade, com a diferença que levei a vida mais agitada que um homem pode levar, arrisquei-a centenas de vezes e vi a morte de perto em várias ocasiões; pois bem, você acha que eu deva ainda praticar esse "esporte", o mais difícil de todos e que exige nervos e sangue frio extraordinários?! Não! Não é um "realejo"*, e é por termos

* À última hora recebi um número especial da *L'Illustration* sobre Aviação: "Não há esquadrilha sem território[...], como acontece com pingüins. Uma esquadrilha de aviões, mesmo no *front*, não pode voar em qualquer lugar. [...] Não facilitaremos jamais os dois momentos críticos do vôo: o pouso e a decolagem. [...] As árvores, as linhas telegráficas, as casas muito próximas obrigam a subir ou descer rapidamente, a correr o risco de um acidente inutilmente. É preciso ser jovem, forte e são. [...] Os idosos, estes que voam mais de três ou quatro anos, não suportam mais a altura nem a duração do vôo. Pilotar avião é envelhecer muito rápido."
Estas frases da *L'Illustration* parecem ter sido escritas para confirmar o que venho dizendo há mais de 2 anos e também como resposta ao amigo da cidade do interior.

nós, os que entramos na luta nos fins do século passado, reconhecido as ificuldades da aviação, a necessidade para o aviador de possuir esplêndidos nervos, desprezo completo e inconsciente pela vida, o que só se encontra na mocidade, e, também, este outro dom dos jovens: a ambição de glória e o entusiasmo, repito, foi por havermos reconhecido tudo isto e não nos encontrarmos mais nestas condições que deixamos de ser aviadores".

É, pois, uma grande homenagem que prestamos aos aviadores do presente.

O meu amigo, um pouco confuso, responde: "A culpa não é nossa; tinham anunciado que o *aviador* Santos-Dumont estava na cidade..."

Eu, para quem já passou o tempo de voar, quisera, entretanto, que a aviação fosse para os meus jovens patrícios um verdadeiro esporte.

Meu mais intenso desejo é ver verdadeiras escolas de aviação no Brasil. Ver o aeroplano — hoje poderosa arma de guerra, amanhã meio ótimo de transporte — percorrendo as nossas imensas regiões, povoando o nosso céu, para onde, primeiro, levantou os olhos o padre Bartolomeu Lourenço de Gusmão.

Cronologia

1873 — Julho: Nasce Alberto Santos-Dumont em Cabangu, MG

1879 — Muda-se com a família para a região de Ribeirão Preto, SP

1883-85 — Realiza seus primeiros estudos no colégio Culto à Ciência, em Campinas, SP

1888 —Vê um balão aerostático pela primeira vez, na cidade de São Paulo, em uma exposição de equipamentos aeronáuticos construídos na França

1892 — Fevereiro: É emancipado por seu pai em cartório da cidade de São Paulo. Setembro: Fixa residência em Paris, na rua D'Edimbourg nº 26

1894 — Freqüenta como aluno-ouvinte a Universidade de Bristol, na Inglaterra

1897 — Constrói um motor a explosão de dois cilindros, adaptando-o a um triciclo

1898 — Março: Por 250 francos, faz sua primeira ascenção em balão livre. Julho: Leva aos ares o balão *Brasil*, seu primeiro projeto. Setembro: Faz sua primeira ascenção com o dirigível nº 1, o primeiro de uma série que constrói ao longo de sua vida

1899 — Maio: Faz a sua única ascenção com o dirigível nº 2. Novembro: Faz a primeira experiência com o dirigível nº 3

1900 — Março: A Comissão Científica do Aeroclube da França institui o Prêmio Deutsch, oferecido por Henri Deutsch de la Meurthe, empresário que incentivava a aviação. Junho: Finaliza a construção de seu hangar em Saint-Cloud, no parque de aerostação do Aeroclube da França. Setembro: Faz experiência com o dirigível nº 4, em Saint-Cloud.

1901 — Julho: Circula a Torre Eiffel com o dirigível nº 5, na primeira tentativa de conquistar o prêmio Deutsch. Agosto: Acidenta-se com o nº 5 chocando-se com o Hotel Trocadero. Outubro: Concorre ao Prêmio Deutsch de la Meurthe. Realiza a prova diante da Comissão do Aeroclube da França, com o dirigível nº 6, contornando a Torre Eiffel e retornando a Saint-Cloud em 30 minutos. Novembro: O Aeroclube da França declara o vencedor do Prêmio Deutsch.

1902 — Janeiro: Viaja a Mônaco a convite do príncipe Alberto I, que construiu um hangar especialmente para a realização de suas ascenções com o dirigível nº 6. Abril: Viaja aos Estados Unidos, onde visita os laboratórios do inventor Thomas Edison, em Nova York, e é recebido na Casa Branca, em Washington, pelo presidente Theodore Roosevelt. Maio: Em Londres, tem o invólucro de seu dirigível nº 6 rasgado por sabotagem no Crystal Palace. Projeta o dirigível nº 7, um dirigível de corrida

1903 — Finaliza a construção do novo hangar em Neuilly, Paris. Faz os primeiros ensaios com o dirigível nº 9 e com ele, posteriormente, muitas ascenções. Julho: Sobrevoa, com o dirigível nº 9, a formatura militar em Longchamps, Paris, durante as comemorações do 14 de julho, data nacional francesa. Constrói o dirigível nº 10, chamado dirigível ônibus, com capacidade para dez passageiros

1904 — Junho: Chega aos Estados Unidos, para participar da corrida de dirigíveis de Saint-Louis, mas sofre ação criminosa de sabotadores, que inutilizam o invólucro de seu dirigível nº 7

1905 — Projeta o nº 11, um monoplano bimotor, e o nº 12, um helicóptero, mas não os concluiu. Finaliza a construção do nº 13, uma aeronave com dois balões destinada a longas viagens, mas não obtém resultados práticos. Agosto: Faz experiências com o nº 14 em Trouville, na costa do Canal da Mancha

1906 — Julho: Inscreve-se, em Paris, para disputar duas provas de aviação, a Taça Archdeacon e o Prêmio do Aeroclube. Outubro: Em Bagatelle, eleva o *14-bis* com propulsão própria e realiza um vôo de mais de 50m de distância diante da Comissão Fiscalizadora do Aeroclube da França, obtendo a Taça Archdeacon. Novembro: Em Bagatelle, realiza com o *14-bis* um vôo de 220m, mantendo-se a 6m de altura, e assim conquista o Prêmio do Aeroclube

1907 — Março-Junho: Faz experiências com o aeroplano nº 15 e com o dirigível nº 16, mas desiste desses projetos por não obter bons resultados. Setembro: No rio Sena, faz experiências com o nº 18, um deslizador aquático. Novembro: Testa o primeiro modelo do aeroplano *Demoiselle*

1908 — Dezembro: Expõe um exemplar do *Demoiselle* na Exposição Aeronáutica, realizada no Grand Palais de Paris

1909 — Janeiro: Obtém o primeiro brevê de aviador, fornecido pelo aeroclube da França. Setembro: Estabelece o recorde de velocidade voando a 96km/h num *Demoiselle*. Faz com um *Demoiselle* um vôo de 18km, de Saint-Cyr ao castelo de Wideville, considerado o primeiro raid da história da aviação

1910 — É inaugurado um marco de granito no Bois de Boulogne, assinalando os primeiros recordes de aviação do mundo estabelecidos por Santos-Dumont em 1906

1913 — Outubro: O Aeroclube da França inaugura um monumento em Saint-Cloud, em comemoração do vôo do dirigível nº 6

1915-16 — Realiza conferência no Congresso Científico Panamericano, em Washington, intitulada *Como o aeroplano pode facilitar as relações entre as Américas*

1918 — Abril: Publica o livro *O que eu vi, o que nós veremos*, escrito em Petrópolis, na sua casa "A Encantada".

1921 Março: É indicado como membro de honra do Aeroclube de França. Maio: Em Paris, faz sua última ascenção aerostática no balão livre *La Cignone*

1925 — Julho: Viaja de Paris para a Suiça, com destino à clínica de repouso Valmon

1926 — Janeiro: Oferece um prêmio de 10 mil francos para a melhor obra escrita contra a utilização de aparelhos aéreos como armas de guerra

1927 — Maio: É convidado pelo Aeroclube da França para presidir o banquete em homenagem a Charles Lindberg, mas motivos de saúde o impedem de aceitar

1928 — Dezembro: Chega ao Rio de Janeiro a bordo do vapor Cap Arcona e presencia grave acidente com o avião que o recepcionava

1930 — Junho: É condecorado pelo Aeroclube da França com o título de Grande Oficial da Legião de Honra da França

1931 — Fevereiro: Faz tratamento na Casa de Saúde de Preville, em Ortez, nos Baixos Pirineus, onde tem relativa melhora. Junho: É eleito membro da Academia Brasileira de Letras, na cadeira que tem como patrono Tobias Barreto. Novembro: Parte para Araxá, Minas Gerais, para tratamento de saúde

1932 — Maio: Muda-se para o Guarujá, SP. Julho: Com o início da Revolução Constitucionalista em São Paulo, manda uma mensagem aos brasileiros, posicionando-se contra a luta fratricida. Falece aos 59 anos, no Hotel de la Plage, no Guarujá

Adverte-se aos curiosos que se imprimiu esta obra nas oficinas da gráfica Prol limitada em vinte de setembro do ano dois mil, composta em Walbaum de corpo quatorze ou quinze ou treze, em papel printmax noventa gramas, com tiragem de dois mil exemplares.